《윌크가 들려주는 단짠단짠 디저트의 역사 ❶》 사진 출처

20쪽 티라미수 ‖ **32쪽** 홍차 ‖ **44쪽** 피에타 ‖ **54쪽** 아이스바, 아이스크림콘 ‖ **55쪽** 아포가토, 빙수, 파르페 ‖ **56쪽** 아이스크림 ‖ **68쪽** 프레첼, 베이글, 바게트 ‖ **80쪽** 버터 ‖ **92쪽** 카망베르, 체더치즈, 모차렐라 ‖ **114쪽** 소시지, 감자, 딸기, 초콜릿, 딸기 주스, 초코 아이스크림, 핫도그, 감자칩 ‖ **116쪽** 핫도그 빨리 먹기 대회 ‖ **128쪽** 초콜릿 **[출처]** 셔터스톡 ‖ **104쪽** 프레데릭 대왕 **[출처]** 위키피디아

1판 1쇄 인쇄 2020년 12월 16일
1판 1쇄 발행 2020년 12월 25일

글·그림 (주)몬스터스튜디오
구성 및 외주 편집 김선영
펴낸이 송주영
펴낸곳 (주)북센스
편집 장정민, 조윤정
디자인 정지연, 한수림
마케팅 오영일, 황혜리
출판등록 2019년 6월 21일 제2019-000061호
주소 서울시 은평구 통일로684 서울혁신파크 미래청 401호
전화 02-3142-3044 팩스 0303-0956-3044 이메일 ibooksense@gmail.com

ISBN 978-89-93746-95-2 (64900)
    978-89-93746-94-5 (64900) (세트)

원작 글·그림 ㈜몬스터스튜디오

윌크가 들려주는
단짠단짠
디저트의
역사 1

WILK

북센스

천재 이발사 브레드의 사고뭉치 조수 윌크.

실수투성이에 매사에 덤벙대고 제대로 할 줄 아는 건 하나도 없지만

누구보다 성실하고 모든 일에 열정이 넘친답니다.

《윌크가 들려주는 **단짠단짠 디저트의 역사**》에서는 윌크가 여러분에게

디저트의 유래와 역사, 그와 관련된 다양하고 재미있는 정보를 알려 줘요.

《윌크가 들려주는 **단짠단짠 디저트의 역사**》를 통해 윌크의 박학다식,

지적인 매력을 만나 보세요!

《윌크가 들려주는
**단짠단짠
디저트의 역사》
들여다보기**

단짠단짠 매력으로 사랑받는
디저트들은 어디서 왔을까?
디저트의 유래와 역사를 재미있는
만화로 만나요!

미로 찾기와 틀린 그림 찾기,
숨은그림찾기, 글자 퍼즐까지,
〈브레드이발소〉 캐릭터들과
함께 신나는 게임을 즐겨요!

맛있는 디저트 속에 담긴
역사와 문화, 과학 상식,
관련된 인물 등 넓고 깊은
배경지식을 쌓아요!

차례

일러두기

* 디저트와 재료의 이름은 국립국어원의 외래어 표기법을 따랐습니다. 규범 표기가 확정되지 않은 단어는 일반적으로 널리 사용하는 단어를 썼습니다.

* 의성어와 의태어는 국립국어원 표준국어대사전의 표기법을 원칙으로 하였으나, 내용과 분위기에 영향을 준다고 판단되는 부분은 작가의 표현을 그대로 두었습니다.

* 애니메이션 〈브레드이발소〉 작품 속에서 고유 명사로 사용되는 단어는 띄어쓰기하지 않았습니다.

* 책에 사용된 사진은 2쪽에 출처를 밝혔습니다.

1장

+ 이탈리아에서 태어난 디저트 +

티라미수

바로
티라미수입니다.

티라미수는
1970년대,
이탈리아의
캄페올 부부가
처음으로
만들었어요.

고생
많았어요,
여보.

캄페올 부부는 오랫동안 아이가 없다가
늦둥이를 낳았답니다.

하지만
기쁨도 잠시,
부인은 출산
후유증으로
시름시름
앓게
되었어요.

캄페올 씨는 아픈 아내를 열심히 간호했고 남편의 정성 어린 간호에 캄페올 부인은 위험한 고비를 넘깁니다.

하지만 여전히 기력이 없어서 쓰러지기 일쑤였죠.

그러던 어느 날이었어요.

어머니!

며느리가 아프다는 소식을 들은 시어머니가 캄페올 부부의 집으로 찾아옵니다.

리소토

피자

파스타

시어머니는 아픈 캄페올 부인에게 정성껏 음식을 만들어 주었어요.

좀 더 먹어 보렴.

원가를 먹어야 기운을 차릴 텐데….

하지만 캄페올 부인은 여전히 잘 먹지 못했어요.

시어머니는 캄페올 부인이 좋아하는
커스터드 크림에 마스카르포네(이탈리아에서
생산되는 크림치즈)를 넣고 섞었어요.

캄페올 부인은 시어머니가 준 디저트를 한번 맛보더니 그 자리에서 다 먹어 버리죠.

으음~!!

어머님,
정말 맛있어요!

캄페올 부인은 시어머니가 만들어 준 디저트로 점점 기력을 회복했답니다.

이후 건강해진 캄페올 부인은 남편이 운영하는 식당에서 요리를 하게 되었죠.

15

캄페올 부인은 시어머니가 만들어 준 디저트를 종종 만들어 먹었답니다.

어머니께서 이렇게 만드셨지.

완성!!

캄페올 부인, 지금 드시는 그게 뭐예요?

저희 어머니께서 만드신 디저트인데 한번 드셔 보세요.

와! 정말 맛있어요! 이걸 팔아 주시면 안 될까요?

부부는 이 디저트를 '티라미수'라고 이름 지어서 메뉴로 냈어요.
그후 티라미수는 많은 사람들의 사랑을 받게 됩니다.

이렇게 맛있는 디저트가 있다니!

티라미수 최고야!

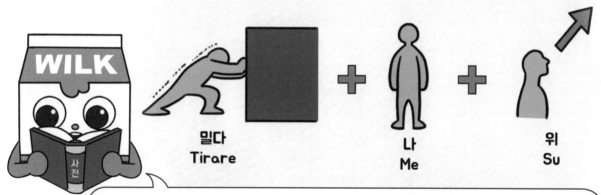

밀다
Tirare

나
Me

위
Su

티라미수라는 말은 이탈리아어로 '밀다'를 뜻하는 'Tirare(티라레)'와 '나'를 뜻하는 'Me(미)',
'위'를 뜻하는 'Su(수)'가 합쳐진 단어에요. 즉, '나를 기운 나게 하다'라는 뜻이지요.

아픈 며느리를 위해
기운이 나는 디저트를
만들어 준 어머니의
따뜻한 마음이
느껴지는 것 같아요.

여러분도
티라미수에
따뜻한 마음을
담아 전해
보세요.

티라미수를 찾아라!

브레드 사장님이 꼬불꼬불 미로를 탈출해서 티라미수를 만날 수 있게 도와주세요.

시작

초코과자

*정답은 130쪽에서 확인하세요!

도착

디저트
레시피

초간단
티라미수 만들기

준비물 카스텔라 2개, 마스카르포네, 연유, 커피, 코코아 파우더

❶ 마스카르포네와 연유를 섞어 주세요.

❷ 유리그릇이나 컵 바닥에 카스텔라를 깔아 주세요.

❸ 카스텔라에 커피를 부어 주세요.

❹ 커피에 적셔진 카스텔라 위에 마스카르포네와 연유를 섞은 크림을 발라 주세요.

❺ 그 위에 다시 한 번 카스텔라를 깔고 커피를 부어 적셔 주세요.

❻ 그 위에 다시 크림을 올리고 마지막으로 코코아 파우더를 뿌려 주면 완성!

완성된 티라미수를
냉장고에 3시간 정도 두어
차갑게 한 뒤에 먹어야
더욱 맛있답니다.

2장

+ 부족한 재료 때문에 탄생한 +

컵케이크

두구두구두구~♪

영국의 한 작은 마을에
엄마와 딸이 살고 있었어요.

엄마와 딸은 행복하게 살았어요.
하지만 집안 형편은 무척
어려웠답니다.

내일이
우리 딸 생일인데….

엄마는 케이크를
만들기 위해 재료를
찾아봤지만 재료가
부족했어요.

재료가
이것뿐이네.

엄마는 부족한 재료로
조그만 케이크를 만들기
시작했어요.

뿅!

엄마,
생일 케이크
빨리 주세요!

케이크를 보고
실망하면 어쩌지…

엄마는 딸이
실망할까 봐
걱정스런
마음으로
작은 케이크를
내놓았어요.

자, 여기 있다.

귀여워라,
요정님들의
케이크 같아!

어, 이건?

엄마, 이렇게 귀엽고 예쁜 케이크는 처음 봐요!

엄마가 다음 생일에는 꼭 커다란 케이크 해 줄게.

아니에요! 저는 이 요정님 케이크가 좋아요!

소녀는 엄마가 만들어 준 케이크를 친구들에게 자랑했어요.

우아, 이게 뭐야?

정말 귀엽다!

친구들은 너도나도 소녀의 자그마한 케이크를 부러워했답니다.

엄마, 친구들 모두 이 케이크가 갖고 싶대요.

저기 보세요!

저도 요정님 케이크 만들어 주세요.

저도요!!

엄마는 딸의 친구들을 위해 컵케이크를 만들기 시작했어요.

내 케이크 위에는 초코 크림이 있어.

우아! 분홍색 컵케이크다!

엄마!
요정님 케이크가 가게를 열어도 될
정도로 인기 폭발이에요!

예쁜 데다
정말 맛있어요!

케이크가
컵 모양이니까
이름을 '컵케이크'로
해요!

엄마는 컵케이크 가게를 열었고

틀린 그림을 찾아라!

브레드가 손님들을 예쁘게 장식해 주고 있어요.
왼쪽 그림과 오른쪽 그림을 비교해 보고,
틀린 곳을 5군데 찾아보세요.

*정답은 130쪽에서 확인하세요!

힌트

① 앗! 창문에 누군가 있어요!
② 브레드이발소의 이름이 뭔가 이상해요.
③ 손님들의 머리를 잘 살펴보세요.
④ 벽에 붙어 있는 가위와 빗 그림의 색깔이?
⑤ 손님들의 다리를 잘 살펴보세요.

티타임(teatime)의 유래

'티타임'이 무엇인지 알고 있나요? 티타임이란 '차'를 뜻하는 영어 'tea(티)'와 '시간'을 뜻하는 'time(타임)'이 합쳐진 말로 '차를 마시는 시간'을 말해요. 또한 여유 있게 차를 마시는 시간이라는 의미로 '휴식'을 뜻하기도 하지요.

중국의 음료인 차는 1610년 네덜란드 동인도 회사에 의해서 유럽에 전해졌어요. 이후 차를 마시는 문화는 영국에서 큰 인기를 끌었고, 18세기 초에는 영국이 차의 최대 소비 국가가 되었지요. 상류층들이 즐기던 차 문화는 산업 혁명 이후에 영국의 전 계층으로 퍼져 나가기 시작했어요. 회사들이 노동자들의 휴식을 보장하기 위해 오후에 정해진 시간에 홍차와 간식을 나눠 주며 티타임을 가지게 했지요. 그러면서 영국에서는 오후 티타임 시간이 확립되었어요. 티타임에는 홍차와 함께 쿠키, 샌드위치, 머핀 등 다양한 디저트를 즐긴답니다.

영국에서는 티타임에 주로 홍차를 마신답니다.

3장

+ 왕비를 위한 왕의 사랑이 담긴 +

마카롱

월크의 디저트 이야기 세 번째 시간이에요.

여러분, 베이커리타운 최고의 아이돌은 누구일까요?

샤방샤방~

네, 바로 마카롱이에요!

사랑해요, 마카롱!

마카롱이 최고야!

예쁜 색깔의 달콤한 디저트 마카롱은, 옛날부터 프랑스 귀족들에게 사랑받았다고 해요.

그럼 마카롱이 어떻게 탄생했는지 알아볼까요?

WILK

1533년 이탈리아의 귀족 카트린 드 메디치가 프랑스 국왕, 앙리 2세와 결혼해 프랑스에 오게 되었어요.

맛있는 음식을 먹는 건 축복이야.

카트린은 대단한 미식가였어요. 특히 달콤한 디저트를 아주 좋아했답니다.

하지만 그녀가 시집왔을 때 프랑스는 요리 문화가 발달하지 않았어요.

흐익!!

내 사랑하는 아내가
향수병에 걸리다니!

흐윽

카트린을 위해
할 수 있는 게 없을까?

아, 카트린은
단 걸 좋아하지?

카트린을 사랑했던 앙리 2세는 어떻게 하면
카트린의 향수병이 나을 수 있을까 고민했어요.
그러다가 기발한 아이디어가 떠올랐지요.

당신을 위한
선물이에요.

짠!

그녀의 생일날, 앙리 2세는 아내를 위해 이탈리아에서
왕실 요리사를 데려와 마카롱을 만들어 주었어요.

달걀흰자로
머랭을 만들고,
아몬드 가루를
넣어
반죽한 뒤,

동그란 모양으로
구워 냅니다.

과자 위에
크림을 올리고,
뚜껑을
덮어 주면!

①

②

완성!!

③

④

아름다운
왕비님과 닮은
예쁜 마카롱입니다.

와아!

으음!

정말 맛있어!

원래 이탈리아에서 마카롱은 한 겹의 과자였는데 프랑스에서 오늘날 우리가 알고 있는 형태로 발전했다고 해요.

카트린은 이탈리아 요리사가 만든 마카롱을 먹고 기운을 차렸고, 그 뒤로 왕과 행복하게 살았답니다.

여러분, 마카롱 이야기 어땠나요?

WILK

마카롱에 담긴 왕비를 위한 왕의 사랑이 정말 아름답지 않나요?

글자 퍼즐을 풀어라!

가로 열쇠

1. 고기나 과일 등을 찍어서 먹을 때 사용하는 것.

2. 얇게 썬 두 조각의 빵 사이에 버터나 마요네즈 소스 등을 바르고 고기, 달걀, 야채, 치즈 등을 사이에 끼워 넣은 음식.

3. 피자와 함께 이탈리아를 대표하는 음식으로 여러 가지 모양의 면으로 만드는 요리.

4. 영국인들이 티타임에 주로 마시는 차.

5. 구두 바닥에 쇠로 만든 날을 붙여 얼음판 위를 지치는 운동 기구.

6. 밀가루, 달걀, 버터, 우유, 설탕을 주원료로 하여 오븐에 구운 서양 음식.
   예) 생일 ○○○

세로 열쇠

1. 베이커리타운 최고의 이발사 이름.

2. 기독교에서 예수님의 탄생을 축하하는 명절. 성탄절의 다른 표현.

3. 우유를 응고하여 발효시킨 음식.

4. 하얀빛을 띤 옅은 붉은색. 영어로는 핑크.

5. 세계적인 예술의 도시로 에펠 탑, 루브르 박물관 등이 위치한 프랑스의 수도.

6. '시간'을 뜻하는 영어 단어.

7. 우유, 달걀, 향료, 설탕 등을 섞어 크림 상태로 얼린 것.

*정답은 130쪽에서 확인하세요!

디저트와 상식에 관련된
가로세로 열쇠를 읽고
글자 퍼즐을 풀어 보세요.

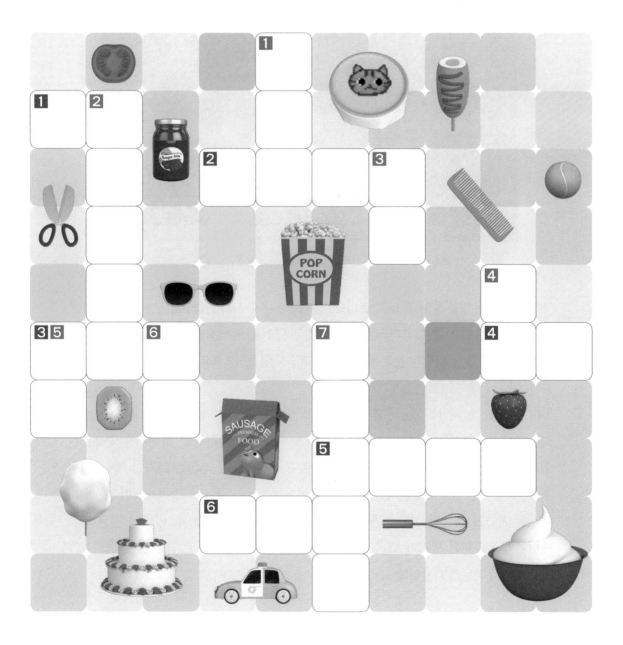

43

르네상스와 메디치가

▲ 르네상스 시대의 거장 미켈란젤로의 조각 작품 〈피에타〉

'르네상스'라는 말을 들어 본 적이 있나요? 르네상스는 14~16세기에 일어난 문화 운동으로 학문이나 예술의 부활·재생이라는 뜻을 가지고 있어요. 르네상스 시대에는 학문은 물론 그림, 건축, 음악 등 다양한 분야에서 놀라운 예술 작품들이 나타나 '문화의 황금시대'라고 불렸어요.

특히 르네상스는 이탈리아에서 가장 먼저 꽃피었어요. 메디치 가문이 바로 이 르네상스를 이끈 주인공이었지요. 메디치 가문은 르네상스 시대에 이탈리아의 피렌체를 지배했던 가문이에요. 메디치 가문은 상업과 금융업으로 큰 부를 이루고 수많은 학자와 예술가들을 후원했어요. 레오나르도 다빈치, 미켈란젤로, 라파엘로 등 예술 분야의 천재적인 거장들이 새로운 기법과 다양한 실험을 통해 놀라운 예술적 업적을 이룰 수 있었던 것은 바로 메디치가의 후원이 있었기 때문이었지요. '마카롱 이야기'에 나온 카트린 드 메디치가 바로 메디치 가문의 사람이에요.

4장

+ 마르코 폴로가 유럽에 전파한 +

아이스크림

최초의
아이스크림은
중국에서
만들어졌다고
해요.

중국의 얼음 디저트는 아랍 상인들을 통해 고대 페르시아까지 퍼지고,

페르시아

중국

아랍

인도

페르시아에 인접한 그리스와 로마까지 전파됐어요.

로마

그리스

페르시아

알프스

마케도니아(그리스·페르시아·인도까지 이르렀던 대제국)의
알렉산더 대왕과 로마의 네로 황제도 알프스 산에서 가져온
눈에 꿀과 과일을 섞은 것을 즐겨 먹었다고 해요.

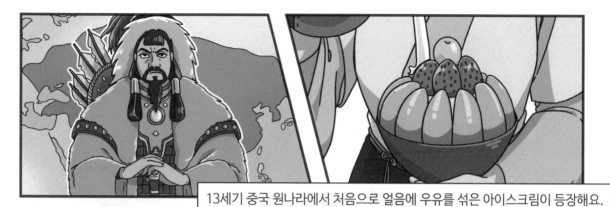

13세기 중국 원나라에서 처음으로 얼음에 우유를 섞은 아이스크림이 등장해요.

유명한 탐험가 마르코 폴로가
원나라를 여행하던 중,

어? 사람들이
뭘 먹고 있는 거지?

저, 지금 먹고 있는
그 음식은 무엇인가요?

마르코 폴로는 아이스크림 만드는 법을 이탈리아로 가져옵니다.

와, 얼음으로 만든 디저트라니!

이후 이탈리아 메디치 가문의 카트린 드 메디치가 프랑스 국왕 앙리 2세와 결혼하면서 아이스크림은 유럽 전역에 퍼지게 되었지요.

프랑스에서 바다 건너 영국까지 전파된 아이스크림은 영국 국왕 찰스 1세의 요리사, 제랄드 티생의 손을 거쳐 현대식 아이스크림으로 발전해요.

1718년 영국에서 《메리 에일스 아주머니의 요리책》에 최초의 아이스크림 레시피가 실렸어요.

이후 1744년 옥스퍼드 영어사전에 '아이스크림'이라는 단어가 최초로 기재됩니다.

그런데 아이스크림은 쉽게 녹아 버리지요.

그래서 부유한 사람들만 먹을 수 있었어요.

어떻게 하면 가난한 사람들도 아이스크림을 먹을 수 있을까?

제이콥 푸셀이라는 사람이 이 문제를 고민하다가 어느 날 냉장고가 발명되었다는 기사를 보게 되었어요.

쉽게 녹는 아이스크림을 냉장고에 얼려서 보관하는 거야!

아이스크림은 전 세계로 뻗어 나갔고, 이제는 언제 어디서나 시원하고 맛있는 아이스크림을 먹을 수 있게 되었지요.

아이스크림에 이렇게 긴 역사가 있다니 놀랍지 않나요?

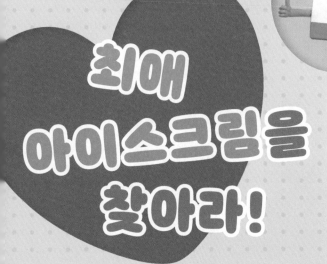

최애 아이스크림을 찾아라!

사다리 게임으로
윌크, 브레드,
초코, 소시지,
버터가 좋아하는
아이스크림을
찾아보세요!

*정답은 131쪽에서 확인하세요!

아이스크림 속에 과학이?

디저트 상식

Q 아이스크림은 공기가 반이라고?

A 아이스크림의 성분은 우유, 설탕, 물이에요. 그런데 아이스크림 중에도 단단한 것과 부드러운 것이 있지요. 두 아이스크림의 가장 큰 차이점은 바로 '공기'입니다. 아이스크림의 재료들을 섞을 때 공기와 재료가 혼합되면서 부피가 점점 커지는데, 이때 공기가 많이 섞일수록 아이스크림이 부드러워지지요. 소프트아이스크림은 전체의 절반 정도가 공기라고 해요.

Q 찬 음식을 먹으면 머리가 띵한 이유는?

A 아이스크림이나 차가운 음료를 마시고 나서 갑자기 머리가 띵해지는 경우가 있어요. 이것은 찬 음식에 의해 입천장의 혈관이 갑자기 수축했다가 다시 넓어지면서 뇌 신경이 자극을 받기 때문이라고 해요. 이런 증상을 예방하려면 찬 음식을 갑자기 빨리 먹지 말고 천천히 먹으면 돼요.

아이스크림 속에 재미있는 과학의 원리가 숨어 있었네요.

5장

+ 독일 사람들의 국민 간식 +

프레첼

화가 잔뜩 난 수도사는 분을 가라앉히지 못해 수도원 주변을 돌아다녔답니다. 그런데,

수도사는 아이들의 말에 큰 충격을 받았어요.

그래!

배고픈 아이들에게 억지로 기도문을 외우게 하는 건 잘못됐다고 생각합니다.

아이들이 자발적으로 기도문을 외우게 도와줄 보상이 필요해요!

아이들이 기도문을 외우면 빵을 나눠 주는 건 어떨까요?

좋은 생각입니다. 찬성이에요.

수도사들은 배고픈 아이들에게 기도문을 외우면 빵을 나눠 주기로 했어요.

그리고 기도하는 손 모양을 본떠서 빵을 만들었지요.

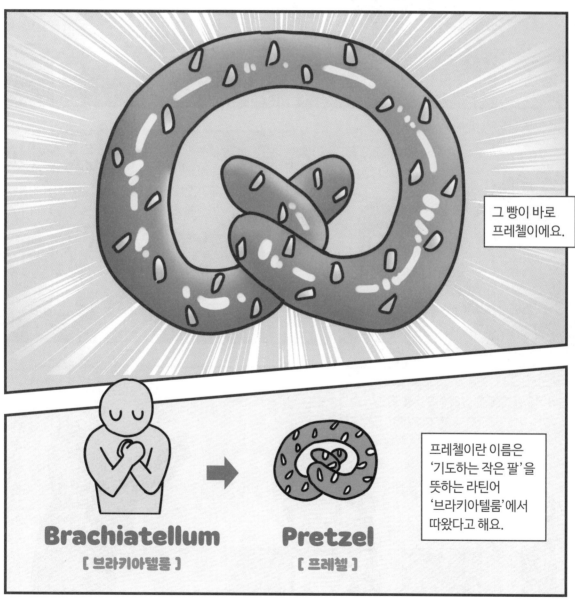

그 빵이 바로 프레첼이에요.

Brachiatellum
[브라키아텔룸]

→

Pretzel
[프레첼]

프레첼이란 이름은 '기도하는 작은 팔'을 뜻하는 라틴어 '브라키아텔룸'에서 따왔다고 해요.

아이들은 모두 열심히 기도문을 외웠어요.

숨은 그림을 찾아라!

브레드이발소에
오늘은 어떤 손님이
왔을까요? 곳곳에
숨어 있는 7개의
숨은 그림을 찾아봐요.

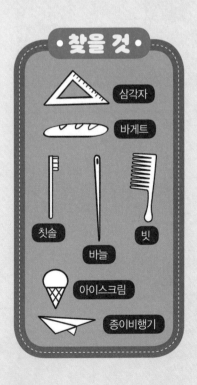

·찾을 것·

그림	이름
	삼각자
	바게트
	칫솔
	바늘
	빗
	아이스크림
	종이비행기

*정답은 131쪽에서 확인하세요!

각 나라를 대표하는 빵

독일 프레첼

독일을 대표하는 빵 프레첼은 짙은 갈색에 겉은 바삭하고 속은 쫄깃한 식감을 가지고 있어요. 프레첼은 빵 겉면에 굵은 소금을 뿌려 짭짤한 맛이 특징이에요. 부드럽게 구운 빵과 바삭바삭하게 구운 과자, 두 가지 형태가 있어요. 독일뿐 아니라 오스트리아와 스위스에서도 주식으로 먹는다고 해요.

미국 베이글

베이글은 가운데 구멍이 뚫린 둥근 모양의 빵이에요. 칼로리가 낮고 담백한 맛이 특징이지요. 베이글은 원래 유대인들이 먹던 빵인데, 유대인 이주민들이 미국과 캐나다로 건너가면서 뉴욕을 중심으로 알려지기 시작했어요. 미국에서는 주로 아침 식사로 크림치즈와 함께 베이글을 먹어요.

프랑스 바게트

프랑스를 대표하는 빵은 '긴 막대기'라는 뜻을 가진 바게트예요. 겉은 바삭하고 속은 촉촉하며 쫄깃한 식감을 가지고 있지요. 프랑스에서는 음식도 보존하고 유지해야 할 문화유산으로 생각해서 빵을 만드는 것도 법률로 엄격하게 정하고 있다고 해요.

6장

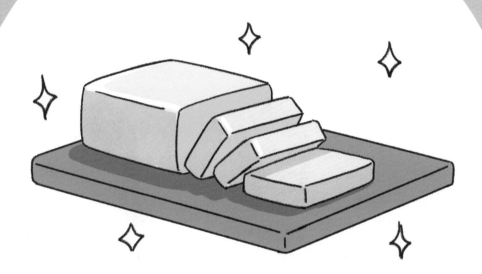

+ 최초의 버터는 약으로 쓰였다고? +

버터

여러분, 토스트를 먹을 때 꼭 발라야 하는 게 있죠?

맞아요, 바로 버터예요. 오늘은 버터에 대해 알아볼까요?

고대에는 버터를 연고나 화장품으로 썼다고 해요.

기원전 3천 년경 바빌로니아의 작은 마을에 한 소년이 살았어요.

당시 바빌로니아 남자들은 전쟁터에 나가서 싸우는 것을 최고의 명예로 여겼지요.

하지만,

으아악!

몸이 작고 힘이 약했던 소년은 동네 소년들에게 놀림을 받았어요.

하하, 쟤 좀 봐!

저렇게 약해서 용감한 군인이 될 수 있겠어?

어차피 전쟁에 나가지도 못할 텐데, 뭐.

신병 모집

당시 바빌로니아는 이웃 나라와 전쟁 중이었기 때문에 나라에서 군인을 모집하고 있었어요.

군인이 꿈이었던 소년은 입대 신청을 했지요.

안됐지만 네 체격으로 군인은 무리야. 집으로 돌아가거라.

네에?

소년을 제외한 마을 남자들은 모두 군인이 되어 전쟁에 나갔어요.

내 꿈은 용감한 군인이 되는 건데 그 꿈을 이룰 수가 없다니….

그래!

열심히 훈련해서 강해지면 군대에 갈 수 있을 거야!

소년은 그날부터 우유가 담긴 가죽 주머니를 나무에 매달고 열심히 훈련했어요.

휘익 퍽

그렇게 소년은 점점 건강한 청년이 됐답니다. 그런데,

휴~.

평소처럼 훈련을 하던 소년은 어느 날 전쟁에 나갔던
병사들이 마을로 돌아오는 광경을 보게 되었어요.

군인들이 모두 돌아오다니, 무슨 일인가요?

우리가 전쟁에서 졌어. 남은 건 상처뿐인 몸밖에 없어.

전쟁이 끝났다니!

아니야! 아닐 거야!

지금껏 전쟁에 나가기 위해 열심히 훈련했는데!

소년은 전쟁이 끝났다는 소식에 충격을 받았어요.

에잇!!

이때 소년이 던진 목검이 가죽 주머니에 맞으며 주머니가 터지고 말았어요.

어? 이게 뭐지?

킁킁, 고소한 냄새가 나는데?

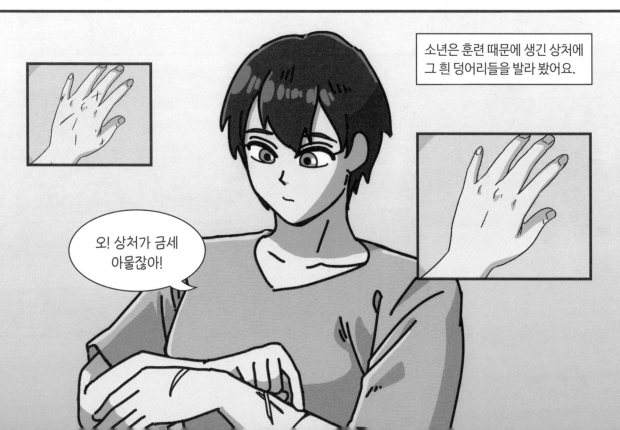

소년은 훈련 때문에 생긴 상처에 그 흰 덩어리들을 발라 봤어요.

오! 상처가 금세 아물잖아!

우유 → 유청 / 지방

소년이 발견한 하얀 덩어리의 정체는 버터였어요.
가죽 주머니 속 우유에 목검으로 때리는 충격이 가해져
유청과 지방이 분리되며 버터가 된 것이었지요.

소년은 버터를 부상병들에게
나눠 주었어요.

와! 상처가
빨리 아무는걸!

이거 정말
효과가 좋아!

이 우유 덩어리를 더 가져다줄 수 없니?

돈이 필요하면 얼마든지 낼게!

소년은 열심히 버터를 만들어 유명한 버터 제조업자로 성공했답니다.

결국 소년은 군인이 되지 못했지만, 버터를 만들게 됐네요. 혹시 꿈을 이룰 수 없는 상황이 와도 좌절하거나 실망하지 마세요.

계속 노력하다 보면 뜻하지 않은 곳에서 더 좋은 기회가 생길 수 있으니까요!

77

암호를 풀어 봐!

글자를 그림으로 표현한 암호예요.
잘 보고 암호를 풀어 보세요.

이	버	자	커	아
고	타	수	터	치
리	는	미	베	강
남	최	의	운	도

[암호 문장]

*정답은 131쪽에서 확인하세요!

디저트를 찾아봐!

아래 글자판에서 디저트의 이름을 찾아보세요.
모두 몇 개의 디저트 이름이 있을까요?

아	리	프	레	첼	도	랑	말
이	고	오	히	치	즈	마	홍
스	티	로	필	가	이	카	노
크	추	하	딸	수	포	롱	저
링	커	초	연	우	초	콜	릿
어	컵	케	이	크	정	미	차
프	사	연	티	라	미	수	쿠
크	다	야	방	원	보	추	키

*정답은 131쪽에서 확인하세요!

조선 시대에도 버터가 있었다고?

조선 시대, 더 거슬러 올라간 고려 시대에도 우리나라에 버터가 있었어요. 버터의 옛 이름은 바로 '수유'지요. 《고려사》라는 역사서에는 고려에서 원나라에 인삼과 수유를 바쳤다는 기록이 나와요.

수유는 너무 귀한 음식이어서 일반 백성들은 구경도 할 수 없었다고 해요. 고려나 조선 시대에는 '우유' 자체가 매우 귀한 음식이었어요. 그런데 수유는 이 우유를 오랜 시간과 기술을 들여 만드는 음식이었으니 더 귀한 대우를 받았지요. 그래서 수유를 먹을 수 있는 사람은 왕이나 높은 신분의 사람뿐이었어요.

그런데 세종 대왕에 이르러 수유 생산이 중단되었어요. 당시 수유를 만드는 사람들은 왕이 먹는 보약을 만든다는 이유로 군대를 가지 않았답니다. 하지만 이 제도를 악용해서 병역을 기피하는 사람들이 생겨났고, 세종 대왕은 수유의 생산을 금지한 것이에요.

바빌로니아처럼 조선 시대에도 수유가 약으로 쓰였다니, 신기하지 않나요?

7장

+ 사막의 열기가 만들어 낸 고소한 풍미 +

치즈

아라비아에 카나나라는 우유 상인이 살고 있었어요.

카나나는 양젖을 가죽 주머니에 담아 가지고 가서 시장에 팔았답니다.

휴, 다 실었다!

이제, 이웃 나라에 가져가 팔아야지.

카나나는 우유를 이웃 나라에 팔아 많은 돈을 벌 계획을 세웠어요.

카나나는 부푼 가슴을 안고 길을 떠났어요.

휴~ 덥다.

카나나는 뜨거운 사막을 지나며 모래 폭풍을 만나기도 하고,

읍!

으아악,
전갈이다!!

무서운 전갈에 쫓기기도 했지만,

고생 끝에
무사히 마을에
도착했어요.

우유 사세요!
우유!

카나나는 자신 있게 우유를 따랐지만, 우유는 나오지 않았어요.

정체불명의 덩어리는 고소한 풍미 때문에 날개 돋친 듯 팔려 나갔어요. 덕분에 카나나는 많은 돈을 벌게 되었답니다.

하얀 덩어리는 바로 치즈였어요. 주머니 속의 우유가 낙타가 걸을 때 생기는 진동과 사막의 뜨거운 열기 때문에 발효되어 치즈가 된 것이죠.

카나나는 사막을 지날 때 겪었던 고난 덕분에 우유보다 더 값진 치즈를 얻을 수 있었어요.

여러분도 목표를 향해 가는 길이 어려워도 절대 포기하지 마세요. 그 고생이 큰 보상으로 오는 날이 있을 테니까요.

같은 그림을 찾아라!

〈브레드이발소〉 주인공들의 모습과 똑같은
그림자를 찾아 ○표시를 해 보세요.

*정답은 132쪽에서 확인하세요!

여러 가지 치즈

카망베르

카망베르는 프랑스의 대표적인 치즈 중 하나예요. 원래 프랑스 노르망디의 카망베르 마을에서 소젖을 이용해 만든 치즈를 말하지만 지금은 다른 나라에서도 생산되고 있어요. 18세기 어느 농부의 아내가 제조법을 만들었다고 해요. 카망베르는 말랑말랑한 촉감에 풍부한 맛을 지니고 있어요.

체더치즈

영국 서머싯주 체더 마을이 원산지인 체더치즈는 부드러운 신맛이 특징이에요. 체더치즈 역시 영국에서 처음 만들어졌지만 지금은 여러 나라에서 생산되고 있어요. 특히 미국에서 가장 많이 만들고 소비되고 있어서 미국에서는 그냥 '치즈'라고 하면 체더치즈를 뜻한다고 해요.

모차렐라

흔히 피자 치즈라고 부르는 모차렐라는 이탈리아에서 처음 만들어졌어요. 전 세계적으로 가장 많이 먹고 있는 치즈랍니다. 모차렐라는 수분 함량이 매우 높아서 부드럽고 연해요. 다른 치즈와 달리 숙성을 거치지 않아 숙성으로 인해 발생하는 특유의 냄새도 없지요.

8장

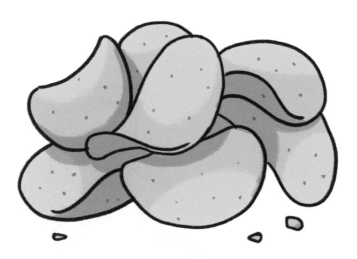

+ 손님을 골탕 먹이려고 만든 음식 +

감자칩

감자칩은 1853년 미국 뉴욕에서 조지 크럼이라는 요리사에 의해 탄생했다고 해요.

척척

척

조지 크럼은 솜씨 좋은 요리사였지만,

성급하고 화를 잘 내는 사람이었죠.

어느 날 한 손님이 조지에게 감자튀김을 주문했어요.

조지는 평소와 같이 감자를 썰고 튀겨서 손님에게 내놓았어요.

음?!

소문과 달리 솜씨가 형편없군요. 전보다 나아진 게 없잖아요!

그러나 손님은 새로 받은 감자튀김도 덜 익었다며 불평했어요.

뭐라고?

나를 무시하다니! 이걸 어떻게 갚아 주지?

조지는 손님의 말을 듣고 아주 화가 났어요. 그는 어떡하면 손님을 골탕 먹일 수 있을지 고민하다가

그래! 바로 그거야!

손님이 포크로 집어서 먹을 수 없을 만큼
감자를 얇게 썰어서 튀겼어요.

오, 이거 정말 맛있는데요!

손님을 골탕 먹이려던 조지의 계획과 달리 손님은 아주 만족스러워했어요.

조지의 이 얇은 감자튀김은 순식간에 유명해졌어요.

그리고 뉴잉글랜드 지방의 대표 요리가 되었답니다.

손님을 골탕 먹이려다 오히려 맛있는 음식을 대접하게 되었네요.

하지만 결과가 좋더라도 나쁜 의도를 가지고 사람을 대하면 안 되겠지요?

발자국을
따라가라!

감자칩의 발자국을
잘 따라가 보세요.
감자칩은 누구를
만나러 가는 걸까요?

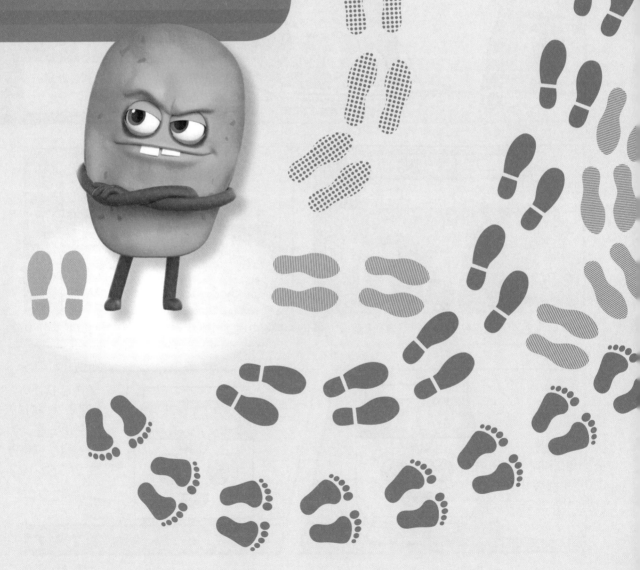

*정답은 132쪽에서 확인하세요!

'감자 대왕'으로 불린 프레데릭 대왕

감자는 스페인의 정복자들을 통해 남아메리카에서 유럽에 전해졌어요. 처음에 유럽인들은 감자를 싫어했답니다. 감자 껍질에 있는 작은 점 모양이 무서운 전염병 천연두를 떠올리게 했기 때문이에요.

그런데 프로이센 왕국의 군주 프레데릭 대왕은 감자를 적극적으로 받아들여서 재배를 권장했어요. 감자가 빈곤에 시달리는 나라를 구할 수 있을 것이라고 생각했기 때문이었지요. 하지만 아무도 감자를 재배하려고 하지 않았어요. 그러자 프레데릭 대왕은 감자를 재배하는 왕실 정원의 경호를 일부러 삼엄하게 하기 시작해요. 사람들은 그제서야 '왕의 정원에 있는 감자가 특별한 것인가 보다' 생각하고, 왕의 정원에 몰래 들어가 감자를 훔쳐서 심기 시작했대요. 프레데릭 대왕의 이런 빛나는 지혜로 인해 독일에서 감자 재배가 널리 시작될 수 있었어요.

▲ 감자 수확을 직접 조사하고 있는 프레데릭 대왕의 모습.

9장

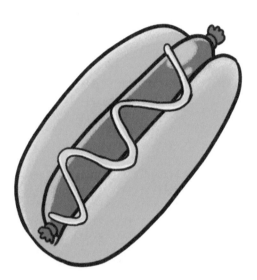

+ '따끈한 닥스훈트 샌드위치'라니? +

핫도그

소시지를 빵 사이에 끼워 넣은 핫도그.

맛있고 가격도 싸서 많은 사람들에게 사랑받고 있죠.

오늘은 핫도그의 이름에 대한 재미있는 이야기를 들려줄게요!

핫도그는 1893년 세인트루이스의 메이저 리그 야구단 브라운스를 소유하고 있던,

독일 이민자
크리스 본 드 아헤가
야구장에서 처음
팔았다고 해요.

맛있는 소시지
샌드위치입니다!

그때 많은 인기를 얻은 핫도그는
야구장의 대표 메뉴가 됩니다.

소시지
샌드위치
사 가세요!

핫도그

소시지 샌드위치

하지만 당시에는 '핫도그'가 아닌 '소시지 샌드위치'로 불렸어요.

야구장에 야구를 보러 왔던 만화가 태드 돌건은 샌드위치를 사기 위해 노점상을 구경하고 있었어요.

태드는 상인의 말을 듣고 깜짝 놀라 샌드위치를 살펴봤어요. 진짜 닥스훈트 강아지가 들어 있는 줄 알았거든요.

그러나 샌드위치는 그냥 평범한 소시지 샌드위치였죠.

이걸 왜 닥스훈트 샌드위치라고 하는 거죠?

독일에서는 이 프랑크 소시지를 다리가 짧고 허리가 긴 닥스훈트에 비유하지요.

그래서 닥스훈트 샌드위치라고 한답니다.

따끈한 닥스훈트 샌드위치 사 가세요!

하하하

상인의 설명을 들은 태드는 '따끈한 닥스훈트 샌드위치'라는 말이 너무 재미있다고 생각했어요.

닥스훈트.

따끈한 닥스훈트.

태드는 얼른 집으로 돌아와
떠올린 아이디어를 삽화로
그리기 시작했어요.

좋아, 완성이군.
이제 이름을
적어 볼까?

근데 닥스훈트 철자가 뭐지?

태드는 얼마 고민하지 않고 그림의 제목을 'Hot Dog'라고 적어 버렸어요.

따끈한 닥스훈트, 그러니까 영어로 'Hot Dachshund'라고 적으려고 했지만 그는 닥스훈트의 철자를 몰랐던 거예요.

다음 날 태드의 그림은 잡지에 실려 전국으로 퍼졌어요.

하하,
이거 재밌군!

샌드위치 이름이
'뜨거운 개'라니!
하하!

태드의 그림을 본 많은 사람들은
이때부터 소시지 샌드위치를
'핫도그'라고 부르기 시작했대요.

Hot Dog

재치 있는
만화가에 의해
핫도그라는 이름이
탄생하게 된
것이었네요.

WILK

WILK

참!
길거리에서
흔히 볼 수 있는
이렇게 생긴
핫도그 있죠?

WILK

이건 사실
핫도그가 아니라
'콘도그'라고 해요.

다음에는
콘도그에 대한
이야기도 들려줄게요.
그럼 안녕!

디저트를 연결해 봐!

*정답은 132쪽에서 확인하세요!

재료와 재료가 사용된 디저트를 연결하고
디저트의 이름과 영어 단어도 연결해 보세요!

- 감자칩 •

- 딸기 주스 •

- 초코 아이스크림 •

- 핫도그 •

• strawberry juice

• hot dog

• potato chip

• chocolate ice cream

미국에는 '핫도그의 날'이 있다고?

디저트
상식

핫도그는 우리나라는 물론 전 세계적으로 사랑받는 간식이지만 미국에서 특히 인기가 많아요. 미국은 1초에 818개의 핫도그가 팔릴 만큼 핫도그를 사랑하는 나라이지요. 특히나 미국의 현충일(5월 마지막 월요일)부터 노동절(9월 첫째 월요일)까지의 기간은 미국인들이 야외로 나와 바비큐나 핫도그를 즐겨 먹는 시기라고 해요. 이 기간 동안 약 70억 개의 핫도그를 먹어 치운대요.

이렇게나 핫도그를 사랑하는 미국에서는 7월 23일을 '핫도그의 날'로 지정해서 핫도그와 관련된 다양한 행사를 열어요. 핫도그를 마음껏 먹는 핫도그 먹기 대회는 물론 핫도그라는 이름의 유래가 된 소시지 개, 즉 닥스훈트 달리기 경주, 자신만의 핫도그 만들기 등의 다양한 행사를 열어 핫도그를 마음껏 즐긴다고 해요. 또한 이런 행사들을 통해 마련된 수익금은 도움이 필요한 이웃을 위해 사용해요.

▲ 핫도그 빨리 먹기 대회의 모습. 선수들 뒤에 표지판의 숫자가 선수가 먹은 핫도그의 개수예요.

10장

+ 카카오 열매의 음료에서 시작된 +

초콜릿

초콜릿의 원료는 카카오나무 열매의 씨앗인데
매우 쓰고 떫은맛을 가졌어요. 고대 마야족과
아즈텍족은 이 카카오 열매의 씨앗을 볶아 매운
고추까지 넣어, 차나 약 대신 마셨다고 해요.

오늘은 이 쓰고 매운
음료가 어떻게 부드럽고
달콤한 초콜릿이
되었는지 들려줄게요.

WILK

15세기 스페인에 툴리오와 미구엘이라는
탐험가 2인조가 있었어요.

툴리오와 미구엘은 아즈텍 왕국에
황금이 많다는 소식을 듣고

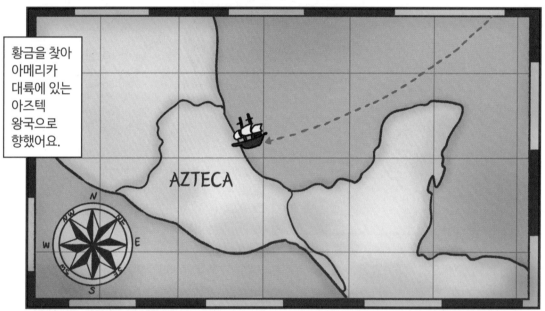

황금을 찾아
아메리카
대륙에 있는
아즈텍
왕국으로
향했어요.

AZTECA

여기가 아즈텍
왕국이군.

지금은 경비가 삼엄하니
밤에 잠입하자고!

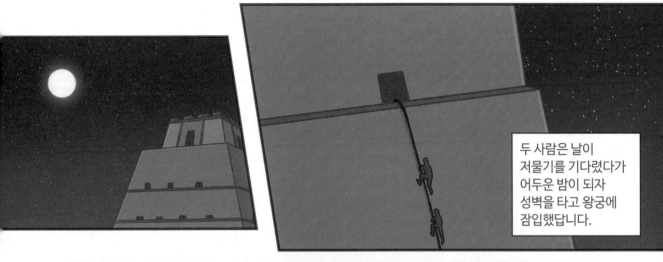

두 사람은 날이 저물기를 기다렸다가 어두운 밤이 되자 성벽을 타고 왕궁에 잠입했답니다.

황금이 어디 있을까?

황금을 찾아 왕궁 내부를 돌아다니던 툴리오와 미구엘은,

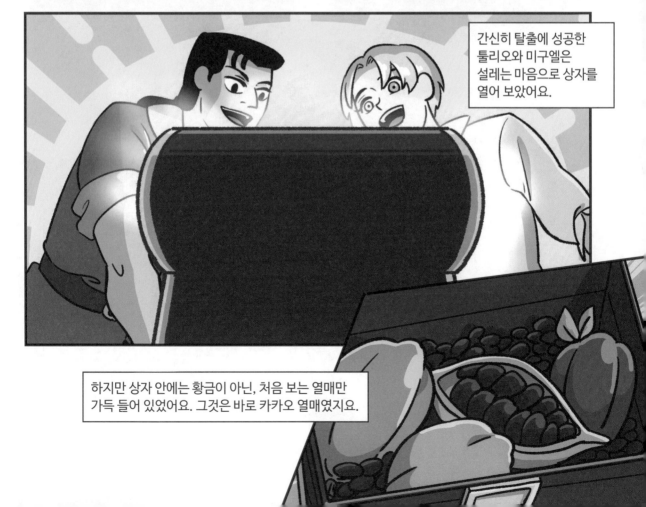

간신히 탈출에 성공한
툴리오와 미구엘은
설레는 마음으로 상자를
열어 보았어요.

하지만 상자 안에는 황금이 아닌, 처음 보는 열매만
가득 들어 있었어요. 그것은 바로 카카오 열매였지요.

17세기 중반에서야 우유와 설탕을 넣어 먹기 시작했지요.

이때부터 카카오 음료는 많은 사랑을 받게 되었어요. 이게 바로 오늘날 우리가 즐겨 먹는 초콜릿이에요.

아무리 볼품없어 보이는 물건도 어떻게 활용하느냐에 따라 가치 있는 물건이 되기도 해요.

그럼 오늘 디저트 이야기는 이걸로 마치겠습니다. 안녕!

주사위 게임

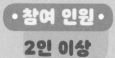

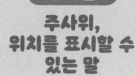

치즈

**한 번
쉬기**

**뒤로
3칸**

**뒤로
점프**

126

주사위를 던져 나온 숫자만큼 칸을 이동해서
누가 먼저 도착하는지 대결해 보세요.

뒤로
2칸

점프

앞으로
5칸

Bakery Cafe

도착

BREAD
BARBER SHOP

초콜릿 선물을 주는 날, 밸런타인데이

2월 14일은 좋아하는 친구에게, 특히 여자가 좋아하는 남자에게 초콜릿을 선물하는 밸런타인데이예요. 밸런타인데이는 언제, 어떻게 생겨난 풍습일까요?

사실 밸런타인데이는 그리스도교의 성인 발렌티누스를 기리는 날이었답니다. 발렌티누스는 3세기 로마 시대의 성직자예요. 당시 로마 제국은 군인들의 결혼을 엄격하게 금지시켰어요. 황제의 허락 없이 군인이 결혼을 하면 사형에 처해졌지요. 이 때문에 서로 사랑하는 연인들도 남자가 군대에 가게 되면 결혼할 수 없었어요. 발렌티누스는 이런 연인들을 안타깝게 생각했지요. 그래서 황제의 허락 없이 몰래 결혼을 시켜 주었어요. 하지만 결국 이 일이 밝혀지고 발렌티누스는 황제의 명을 어긴 죄로 사형에 처해졌답니다. 이후 사람들은 발렌티누스가 순교한 날을 '사랑하는 연인들의 날'로 정해 기념하게 된 것이에요.

18, 19쪽

31쪽

43쪽

54, 55쪽

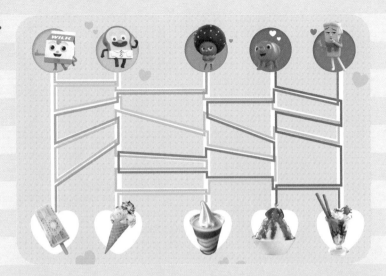

66, 67쪽

78, 79쪽

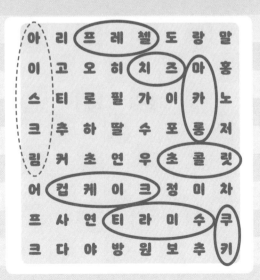

90, 91쪽

102, 103쪽

114, 115쪽

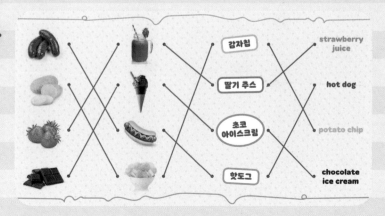

색종이로 귀여운 컵케이크를 만들어 봐요.

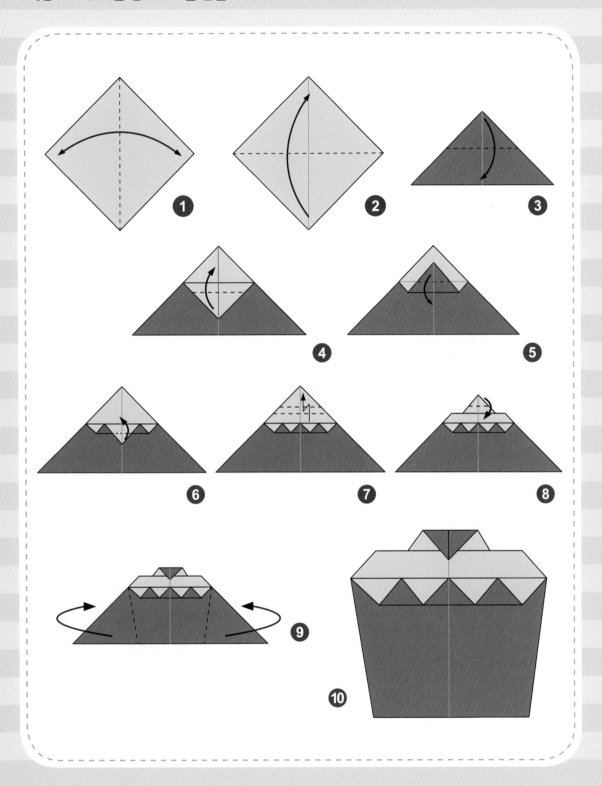

색종이로 시원하고 달콤한 아이스크림을 만들어 봐요.

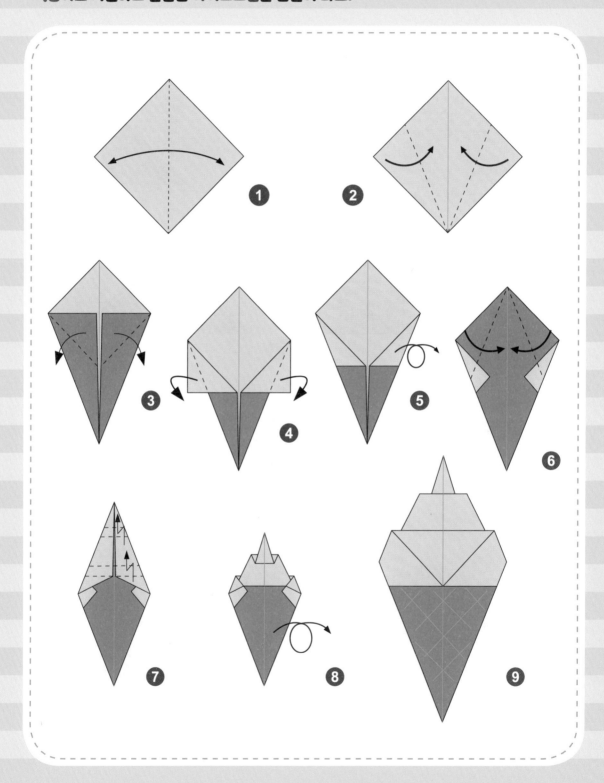

단짠단짠 10가지 디저트 카드를 다양하게 활용해 보세요.

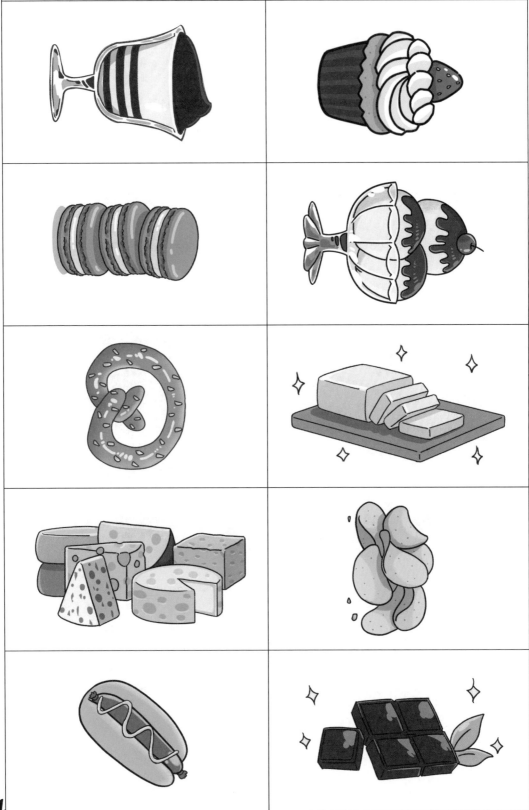

컵케이크
· cupcake ·

작아서 더 귀엽고
사랑스러워!

티라미수
· tiramisu ·

부드러운 크림치즈와
촉촉한 케이크의 만남!

아이스크림
· ice cream ·

입 안에서 사르르르~
시원하고 달콤해!

마카롱
· macaron ·

바삭바삭 쫀득쫀득
달콤새콤!

버터
· butter ·

고소하고
향긋한 풍미가 가득!

프레첼
· pretzel ·

짭짤 담백 고소한 맛의
인기 간식!

감자칩
· potato chip ·

바삭바삭 와작와작
짭짤하고 고소한 간식!

치즈
· cheese ·

꼬릿꼬릿 냄새가 나도
멈출 수 없는 고소함!

초콜릿
· chocolate ·

모두가 사랑하는
달콤 쌉싸름한 맛!

핫도그
· hot dog ·

부드러운 빵과 통통하고
따뜻한 소시지의 조화!